MÉTHODE INGÉNIEUSE

OU

ALPHABET

FRANÇAIS,

SYLLABIQUE,

Pour Apprendre a Lire en peu de Temps

NOUVELLE ÉDITION.

A TOULOUSE,

Chez HENAULT, Imprimeur-Libraire,
rue Tripières, près les Changes.

1811.

AVIS AU LECTEUR.

PERSONNE ne doute, Mon cher Lecteur, que la feule & importante difficulté qui empêche que les Enfans & autres, qui veulent apprendre à lire, n'y réuffiffent facilement & en peu de temps, c'eft qu'ils ne peuvent développer combien il y a de fyllabes dans un mot, ni comprendre combien il faut des lettres pour compofer une fyllabe. Ces difficultés font d'autant plus grandes, qu'on ne les peut d'abord furmonter, ni par les lumieres de la raifon, ni par les préceptes, ni par aucunes règles certaines & infaillibles ; mais feulement par un long ufage & une pénible habitude. Car, par exemple, fi l'on demande, touchant le mot fpec-ta-cle, pourquoi il faut prendre quatre lettres pour former la premiere fyllabe, deux pour la feconde, & trois pour la troïfieme fyllabe ; ces difficultés ne fe peuvent pas facilement réfoudre. On peut bien, par l'explication des confonnes & des voyelles, faire comprendre que plufieurs confonnes confécutives font muettes, & ne fonnent point, à moins qu'elles ne foient unies à une voyelle : ce difcours prouve aflez qu'il n'y a point de fyllabe ni de mot qui ne foient compofés deconfonnes & de voyelles ; mais il ne décide pas du nombre des lettres qu'il faut pour former une fyllabe; ce qui n'a pas été jugé jufqu'à préfent, & c'eft ce qui fait l'embarras & la peine des Maîtres & des Ecoliers ; car il faut qu'un Maître foit dans une continuelle attention pour faire affembler à fon Ecolier , lettre par lettre , précifé- ment celles qui entrent dans chaque fyl- labe , & toujours en fuivant avec une application fort gênante.

Pour éloigner & détruire tant de diffi- cultés , qui fans ceffe & en foule fe préfen- tent fur le fujet de la lecture, lefquelles fouvent dégoûtent & rebutent ceux qui font déjà un peu avancés en âge , & font que les Enfans y confomment beaucoup d'années , j'ai inventé & perfectionné l'ordre de cette Méthode ingénieufe , où j'ai diftingué toutes les fyllabes par un petit trait horizontal , & tous les mots par un trois points mais d'une maniere fi claire & fi fenfible , qu'elle eft également commode , tant aux Maîtres, qu'aux Ecoliers. L'expérience me fait tous les jours remarquer, que pour peu qu'un Ecolier qui connoît les lettres, soit doué de jugement, il peut, en très-peu de temps, apprendre à lire, & même sans le secours d'aucun Maître.

Je vous dirai que par l'usage & les se-rieuses réflexions que j'ai faites sur lesdits Livres, depuis plusieurs années j'ai trou-vé à propos de les corriger, embellir & augmenter, ainsi qu'il suit.

Dans les précédens, on voit un ca-ractere un peu trop petit, ce qui embar-rasse fort les enfans, à qui il faut des ob-jets déterminatifs qui leur frappent d'a-bord les yeux & l'imagination. Les traits horizontaux qui divisent les syllabes y sont trop courts; & les traits perpen-diculaires qui séparent les mots, ont trop de rapport avec les lettres i & l, & avec les barres de musique, ce qui cause sou-vent des méprises aux Ecoliers; au lieu que dans les Livres dont il s'agit ici, on y voit un fort beau caractere, gros & sen-sible aux Enfans; les traits horizontaux qui divisent les syllabes, sont plus longs & mieux proportionnés; & au lieu de ces grandes barres perpendiculaires, qui séparent les mots, j'y ai mis un *trois*

A 3

points , dont l'afpect & la rencontre font
fort doux , comme dans la ligne fuivante :

Sur:mes:juf-tes:com-man-de-mens:

Ces Livres font , non-feulement très-
utiles pour apprendre à lire en peu de
temps , mais auffi très-méthodiques pour
apprendre l'Orthographe ; car avant que
d'écrire un mot fur le papier , il faut que
notre efprit forme & diftingue dans notre
imagination les lettres de chaque fyllabe
& les fyllabes de chaque mot , & qu'en-
fuite la main exécute les projets de l'ef-
prit : autrement on agiroit en aveugle ,
& fans réflexion.

Le favorable accueil qu'on a fait à ce
Livre , tant dans les petites Ecoles de
Paris , que dans celles de plufieurs autres
Villes du Royaume , font des preuves in-
conteftables de fa bonté & de fon utilité ;
je ne doute point qu'il ne foit reçu encore
plus favorablement ici , lorfqu'on s'apper-
cevra des augmentations qu'on y a fait ,
lefquelles m'ont paru très-néceffaires &
très-avantageufes pour les Ecoliers. C'eft
là le but de mon travail , n'ayant rien de
plus à cœur que la gloire de Dieu &
l'utilité publique.

Au nom du Pere,

& du Fils,

& du Saint-Esprit,

Ainſi ſoit-il.

Majuſcules Romaines.

✠ A B C D E F G
H I J K L M N O
P Q R S T U V
X Y Z Æ Œ W Ç

Majuſcules italiques.

A B C D E F G H
I J K L M N O P
Q R S T U V X Y
Z Æ Œ W Ç

Autres Majuscules Romaines.

✠ A B C D E F G H I J
K L M N O P Q R S T U
V X Y Z Æ Œ Ç W É È Ê
♉. ℞. † § * « » ( ) [ ].

Autres Majuscules Italiques.

A B C D E F G H I J K
L M N O P Q R S T U V
X Y Z Æ.

Lettres ordinaires Romaines.

a b c d e f g h i j k l m n o p
q r ſ t u v x y z.

Lettres ordinaires Italiques.

a b c d e f g h i k l m n o p
q r ſ t u v x y z &.

Consonnes.

b c d f g h k l m n p q r s ſ t v x y z.

Diphtongues.

æ œ ai au ei eu ay.

Lettres doubles.

ﬅ ﬆ ﬅ ﬀ ﬂ ﬁ ﬄ ﬁ ﬃ ﬁ ﬃ w &.

Les cinq voyelles.	a e i o u
Idem Circonflexes.	â ê î ô û
Idem Aiguës ...	á é í ó ú
Idem Graves	à è ì ò ù
Idem Trema	ë ï ü
Ponctuations	. , ; : ' ? !

EXEMPLE *Des abréviations, & la manière d'y employer les Lettres.*	à am an.
	è em en.
	ì im in.
	ò om on.
	ù um un.

Chiffres Arabes.

1. 2. 3. 4. 5. 6. 7. 8. 9. 10. 20. 30. 40.
50. 60. 70. 80. 90. 100. 200. 300. 400.
500. 600. 700. 800. 900. 1000.

ALPHABETS EN DIFFÉRENTS CARACTÈRES.

& la véritable manière de prononcer les Consonnes

Romain.	Prononc	Italique.	Capitales.
a		a	A
b	be	b	B
c	ce que	c	C
d	de	d	D
e		e	E
f	fe	f	F
g	ge gue	g	G
h	he	h	H
i j	je	i j	I J
k	ke	k	K
l	le	l	L
m	me	m	M
n	ne	n	N
o		o	O
p	pe	p	P
q	que	q	Q
r	re	r	R
ſ	ſe ʒe	ſ	S
s		s	
t	te ſt	t	T
u		u	U
v	ve	v	V
x	kſe gʒe	x	X
y	i ye	y	Y
z	ʒe	ʒ	Z

SYL-LA-BES.

a	e	i	o	u
ba	be	bi	bo	bu
ca	ce	ci	co	cu
da	de	di	do	du
fa	fe	fi	fo	fu
ga	ge	gi	go	gu
ha	he	hi	ho	hu
ja	je	jĭ	jo	ju
la	le	li	lo	lu
ma	me	mi	mo	mu
na	ne	ni	no	nu
pa	pe	pi	po	pu
qua	que	qui	quo	quu
ra	re	ri	ro	ru
ſa	ſe	ſi	ſo	ſu
ta	te	ti	to	tu
va	ve	vi	vo	vu
xa	xe	xi	xo	xu
ya	ye	yi	yo	yu
za	ze	zi	zo	zu

AU-TRES : SYL-LA-BES :

ba	ad	af	am	an	as	at	au
bac	bal	bam	ban	bar	bas	bat	bau
cab	cal	cam	can	car	cas	cat	cau
dac	dal	dam	den	dar	das	det	dau
ed	el	em	en	er	es	et	eu
fac	fal	fam	fen	fer	fes	fet	feu
gac	gel	gam	gan	ger	ges	get	gau
hac	hal	ham	hen	her	hes	het	hau
jac	jal	jam	jen	jer	jes	jet	jau
kac	kal	kam	kan	kar	kas	kat	kau
lac	lal	lam	lan	ler	les	let	lau
mac	mal	mam	man	mer	mes	met	mau
nac	nal	nam	nan	ner	nes	net	nau
oc	ol	om	on	or	os	ot	ou
pac	pal	pam	pan	par	pas	pat	pau
quac	qual	quam	quan	quor	quos	quat	quau
rac	ral	ram	ren	rer	ras	rat	rau
fac	fed	fam	fen	for	fas	fat	fau
tac	taf	tam	ten	tor	tas	tat	tau
vac	vec	vic	voc	vom	ven	vaf	vau
xac	xec	xic	xoc	xom	xen	xaf	xau
yac	yec	yic	yoc	yom	yon	yun	yau
zac	zec	zic	zoc	zom	zen	zaf	zau

L'O-RAI-SON
DO - MI - NI - CA - LE.

NO-tre : Pè-re : qui : ê-tes :
aux : Cieux : vo-tre : Nom :
soit : sanc-ti-fi-é : vo-tre : Ro-yau-
me : nous : a-vi-en-ne vo-tre : vo-
lon-té : soit : fai-te : en : la : ter-re :
com-me : au : Ciel : don-nez : nous
au-jour-d'hui : no-tre : pain : quo-
ti-di-en : et : nous : par-don-nez :
nos : of-fen-ses : com-me : nous : par-
don-nons : à : ceux : qui : nous : ont :
of-fen-sé : et : ne : nous : a-ban-don-
nez : point : à : la : ten-ta-ti-on :
mais : dé-li-vrez : nous : du : mal :
Ain-si : soit-il :

La Salutation Angélique.

JE vous : sa-lu-e : Ma-ri-e : plei-
ne : de : gra-ce : le : Sei-gneur : est :
a-vec : vous : vous : ê-tes : bé-ni-e :
sur : tou-tes : les : fem-mes : Je-sus :
le : fruit : de : vo-tre : vèn-tre : est :
bé-ni : Sain-te : Ma-ri-e : Me-re : de :
Dieu : pri-ez : pour : nous : pau-vres :
pé-cheurs : main-te-nant : et : à :
l'heu-re : de : no-tre : mort :
Ain-si : soit-il :

Le Symbôle des Apôtres.

JE : Crois : en : Dieu : le : Pè-re :
Tout : puis-sant : Gré-a-teur :
du : Ciel : et : de : la : Ter-re : Et :
en : Je-sus-Christ : son : Fils : u-ni-
que : No-tre : Sei-gneur : Qui : a :
é-té : con-çu : du : Saint : Es-prit :
est : Né : de : la : Vier-ge : Ma-ri-e :
qui : a : souf-fert : sous : Pon-ce :
Pi-la-te : a : été : cru-ci-fi-é : mort :

et : en-sé-ve-li : est : des-cen-du :
aux : En-fers : le : troi-si-e-me : jour :
est : res-sus-ci-té : de : mort : à : vi-e :
Est : mon-té : aux : cieux : est : as-sis :
à : la : droi-te : de : Dieu : le : pe-re :
Tout-puis-sant : d'où : il : vi-en-dra :
ju-ger : les : vi-vans : et : les : morts :

Je : crois : au : Saint : Es-prit : la :
Sain-te : E-gli-se : Ca-tho-li-que : la :
Com-mu-ni-on : des : Saints : la :
ré-mis-si-on : des : pé-chés : la : ré-
sur-rec-ti-on : de : la : chair : la :
vi-e : é-ter-nel-le : Ain-si : soit-il :

La Confession des Péchés.

JE : me : con-fes-se : à : Dieu :
Tout-puis-sant : à : la : Bien-
heu-reu-se : Ma-ri-e : tou-jours :
Vier-ge : à : Saint : Mi-chel : Ar-
chan-ge : à : Saint : Jean-Bap-tis-te :
aux : A-pô-tres : Saint : Pi-er-re : et :

Saint : Paul : à : tous : les : Saints :
par-ce : que : j'ai : pé-ché : par :
pen-sé-es : par : pa-ro-les : et : œu-
vres : par : ma : fau-te : par : ma :
fau-te : par : ma : très : gran-de :
fau-te : C'est : pour-quoi : je : pri-e :
la : Bien-heu-reu-se : Ma-ri-e : tou-
jours : Vi-er-ge : Saint : Mi-chel :
Ar-chan-ge : Saint : Jean-Bap-tis-
te : les : A-pô-tres : Saint : Pier-re :
et : Saint : Paul : et : tous : les :
Saints : de : pri-er : pour : moi :
en-vers : le : Sei-gneur : no-tre :
Dieu : Ain-si : soit-il :

QUe : le : Dieu : Tout : puis-
sant : nous : fas-se : mi-sé-
ri-cor-de : qu'il : nous : par-don-ne :
nos : pé-chés : et : nous : con-dui-
se : à : la : vi-e : é-ter-nel-le :
Ain-si : soit-il :

Que

QUE : le : Sei-gneur : Tout-
Puis-sant : et : mi-sé-ri-cor-
di-eux : nous : don-né : in-dul-gen-
ce : ab-so-lu-ti-on : et : ré-mis-si-on : •
de : tous : nos : pé-chés :

• *Bénédiction de la Table.*

BE-nis-sez : (ce : se-ra : le :
Sei-gneur :) que : la : droi-te
de : Je-sus-Christ : nous : bénis-se :
a-vec : tou-tes : ces : cho-ses : que :
nous : de-vons : pren-dre : pour :
no-tre : ré-fec-ti-on : Au : nom :
du : Pe-re : et : du : Fils : et : du :
Saint-Esprit : Ain-si : soit-il :

Actions de grâces après le Repas.

O : Roi : ô : Dieu : Tout-puis-
sant : nous : vous : ren-dons :
gra-ces : pour : tous : vos : bien-
faits : qui : vi-vez : et : ré-gnez :
par : tous : les : si-è-cles : Ain-si

Les dix Commandemens de Dieu.

UN seul Dieu tu a-do-re-ras,
Et ai-me-ras par-fai-te-ment.

2. Dieu en vain tu ne ju-re-ras,
Ni au-tre cho-se pa-reil-le-ment.

3. Le Di-man-che tu gar-de-ras,
En ser-vant Dieu dé-vo-te-ment.

4. Pè-re et Mè-re ho-no-re-ras,
A-fin que tu vi-ves lon-gue-ment.

5. Ho-mi-ci-de point ne se-ras
De fait ni vo-lon-tai-re-ment.

6. Lu-xu-ri-eux point ne se-ras
De corps ni de con-sen-te-ment.

7. Le bien d'au-trui tu ne
pren-dras,
Ni re-ti-en-dras in-jus-te-ment.

8. Faux té-moi-gna-ge ne di-ras,
Ni men-ti-ras au-cu-ne-ment.

9. L'œu-vre de la chair ne
dé-si-re-ras,
Qu'en ma-ri-a-ge seu-le-ment.

10. Bi-ens : d'au-trui : ne : con-
voi-te-ras :

Pour : les : a-voir : in-jus-te-ment :

Les Commandemens de l'Eglise.

LEs : Di-man-ches : la : Mes-se :
ou-i-ras :

Et : les : Fê-tes : pa-reil-le-ment :

2. Les : Fê-tes : tu : sanc-ti-fi-e-ras :

Qui te sont de com-man-de-ment :

3. Tous tes pé-chés con-fes-se-ras :

A : tout : le : moins : u-ne : fois : l'an :

4. Ton : Cré-a-teur : tu : re-ce-vras :

Au : moins : a : Pâ-que : hum-ble-
ment :

5. Qua-tre : Temps : Vi-gi-les : jeû-
ne-ras :

Et : le : Ca-rê-me : en-ti-e-re-ment :

6. Ven-dre-di : chair : ne : man-
ge-ras :

Ni : le : sa-me-di : mê-me-ment :

LES SEPT PSEAUMES
PÉNITENTIAUX.
PSEAUME 6.

SEi-gneur ne me re-pre-nez point dans vo-tre fu-reur et ne me cor-ri-gez point dans le fort de vo-tre co-le-re.

A-yez pi-ti-é de moi Sei-gneur puis-que je suis foi-ble Sei-gneur gué-ris-sez moi car le mal qui me ron-ge a pas-sé dans mes os qui en sont tous é-bran-lés.

Mon a-me en est a-bat-tu-e de tris-tes-se mais vous Sei-gneur jus-ques à quand dif-fé-re-rez vous ma gué-ri-son.

Tour-nez vos yeux sur moi Sei-gneur et sau-vez mon a-me de tous les dan-gers dé-li-vrez moi : par : vo-tre : gran-de : bon-té : et : mi-sé-ri-cor-de :

Car : on : ne : se : sou-vi-ent : pas : de : vous : par-mi : les : morts : et : qui : se-ra : ca-pa-ble : de : cé-lé-brer : vos : lou-an-ges : dans : les : en-fers :

Je : me : suis : tour-men-té : jus-ques : à : ce : point : dans : mes : gé-mis-se-mens : que : tou-tes : les : nuits : mon : lit : est : bai-gné : et : ma : cou-che : est : ar-ro-sé-e : de : mes : lar-mes :

Les : dou-leurs : m'ont : fait : pleu-rer : si : a-mé-re-ment : que : j'en : perd : les : yeux : je : suis : vieil-li : par : le : cha-grin : de : voir : mes : en-ne-mis : se : ri-re : de : mon : tour-ment :

Mais : re-ti-rez : vous : de : moi : vous : qui : per-sis-tez : tou-jours : dans : vo-tre : mé-chan-ce-té : car :

Dieu : a : en-ten-du : fa-vo-ra-ble-ment : la : voix : de : mes : pleurs :

Le : Sei-gneur : a : e-xau-cé : ma : pri-e-re : le : Sei-gneur : a : re-çu : mon : o-rai-son :

Que : tous : mes : en-ne-mis : rou-gis-sent : de : hon-te : et : soient : at-teints : d'une : a-gi-ta-ti-on : vi-o-len-te : qu'ils : s'en : re-tour-nent : cou-verts : de : con-fu-si-on : et : de : hon-te : Gloi-re : etc :

PSEAUME 31.

Bien-heu-reux : sont : ceux : à : qui : les : i-ni-qui-tés : sont : par-don-né-es : et : dont : les : pé-chés : sont : cou-verts :

Bien-heu-reux : est : l'homme : à : qui : Dieu : n'im-pu-te : point : sa : fau-te : a-près : l'a-voir : com-mi-se : et : qui : n'a : point : de :

dé-gui-se-ment : en : son : es-prit :

Par-ce : que : j'ai : gar-dé : mon :
mal : se-crè-te-ment : mes : os :
com-me : en-vieil-lis : ont : per-
du : leur : for-ce : par-mi : les :
cris : que : j'ai : je-tés :

Vo-tre : main : s'est : ap-pe-san-
ti-e : sur : moi : tant : que : le : jour :
et : la : nuit : ont : du-ré : et : la :
dou-leur : qui : me : con-su-me :
m'a : des-sé-ché : com-me : l'her-be :
du-rant : les : cha-leurs : de : l'é-té :

C'est : pour-quoi : je : vous : ai :
li-bre-ment : dé-cla-ré : mon : of-fen-
se : et : je : ne : vous : ai : point : te-
nu : mon : i-ni-qui-té : ca-ché-e :

Dès : que : j'ai : dit : il : faut : que :
je : con-fes-se : con-tre : moi : mé-me :
mon : pé-ché : au : Sei-gneur :

vous : a-vez : re-mis : l'im-pi-é-té : de : ma : fau-te :

Ce : qui : ser-vi-ra : d'un : e-xem-ple : mé-mo-ra-ble : à : tous : les : Jus-tes : pour : vous : a-dres-ser : leurs : pri-e-res : en : temps : de : mi-sé-ri-cor-de :

Et : cer-tes : quand : un : dé-lu-ge : de : maux : i-non-de-roit : tou-te : la : ter-re : ils : n'en : pour-roient : ê-tre : au-cu-ne-ment : tou-chés :

Vous : ê-tes : mon : a-si-le : con-tre : tou-tes : les : ad-ver-si-tés : qui : m'en-vi-ron-nent : vous : qui : ê-tes : ma : joi-e : dé-li-vrez : moi : des : en-ne-mis : dont : je : suis : as-si-é-gé :

Je : vous : don-ne-rai : un : es-prit : clair-vo-yant : et : vous : en-sei-gne-rai : le : che-min : que : vous : de-vez : te-nir : j'ar-rê-te-rai : mes : yeux :

veil-lant : à : vo-tre : con-dui-te :

Tou-te-fois : ne : de-ve-nez :
point : sem-bla-ble : au : che-val :
et : au : mu-let : qui : n'ont : point :
d'en-ten-de-ment :

Vous : leur : don-ne-rez : le :
mords : et : la : bride : pour : les :
em-pê-cher : de : mor-dre : et : de :
ru-er : con-tre : vous :

Plu-si-eurs : ma-lé-dic-ti-ons : se :
ré-pan-dront : sur : les : pé-cheurs :
mais : la : mi-sé-ri-cor-de : se-ra : le :
par-ta-ge : de : ceux : qui : met-
tent : leur : es-pé-ran-ce : au :
Sei-gneur

Ré-jouis-sez : vous : donc : au : Sei-
gneur : hom-mes : jus-tes : et : vous :
tous : qui : ê-tes : nets : de : cœur :
so-yez : trans-por-tés : de : joi-e :

Gloi-re : soit : au : Pe-re : etc :

PSEAUME 37.

SEi-gneur, ne me re-pre-nez point dans vo-tre fu-reur ne me cor-ri-gez point dans le fort de vo-tre co-le-re.

J'ai dé-jà sen-ti les traits pi-quans de vo-tre in-di-gna-ti-on que vous a-vez dé-co-chés con-tre moi et sur qui vous a-vez ap-pe-san-ti vo-tre main.

Ma chair tou-te cou-ver-te d'ul-cè-res é-prou-ve bien les ef-fets de vo-tre i-re et à cau-se de mes pé-chés mes os ne re-çoi-vent au-cun re-pos.

Car il est vrai que mes i-ni-qui-tés me no-yent et se sont é-le-vé-es par-des-sus ma tê-te el-les m'ac-ca-blent sous leur faix

Mes ci-ca-tri-ces se sont en-vieil-li-es et ont dé-gé-né-ré par ma fo-li-e en u-ne cor-rup-ti-on sans re-me-de.

E-tant ain-si de-ve-nu mi-sé-ra-ble et cour-bé sous les en-nuis je che-mi-ne tous les jours a-vec u-ne gran-de tris-tes-se.

Mes reins pleins d'u-ne ar-deur ex-ces-sive me cau-sent d'é-tran-ges il-lu-si-ons et je n'ai au-cu-ne par-ti-e de mon corps où je ne souf-fre.

Je suis si fort af-fli-gé et a-bais-sé qu'au lieu de plain-tes mon cœur n'ex-pri-me sa dou-leur que par des hur-le-mens.

Sei-gneur vo-yez tou-tes mes in-ten-ti-ons mes pleurs ni mes gé-mis-se-mens ne vous sont point ca-chés.

Mon : cou-ra-ge : s'é-ton-ne : je :
n'ai : plus : de : for-ce : ni : de : vi-
gueur : et : mes : yeux : qui : sont :
a-veu-glés : de : mes : lar-mes : n'ap-
per-çoi-vent : plus : la : clar-té :

Mes : a-mis : et : mes : pro-ches :
se : sont : é-loi-gnés : de : moi : en :
me : vo-yant : ré-duit : en : ce : pi-
teux : é-tat :

Mes : voi-sins : se : sont : re-ti-rés :
aus-si : et : ceux : qui : cher-chent :
à : m'ô-ter : la : vi-e : y : em-plo-
yent : de : gran-des : vi-o-len-ces :

Ils : n'é-pi-ent : que : les : oc-ca-
si-ons : de : me : nui-re : et : tien-
nent : de : mau-vais : dis-cours : de :
moi : ils : pas-sent : les : jours : à :
cher-cher : ma : rui-ne :

Né-an-moins : com-me : si : j'eus-se :
été : sourd : je : ne : les : ai : point :

é-cou-tés : et : com-me : si : j'eus-se :
é-té : mort : je : n'ai : ou-vert : la :
bou-che : pour : leur : ré-pon-dre :

J'ai : bou-ché : mes : o-reil-les : à
tous : leurs : re-pro-ches : et : ma :
lan-gue : n'a : point : eu : la : pei-ne :
de : re-pous-ser : leurs : in-ju-res :

Par-ce : qu'en : vous : Sei-gneur :
j'ai : mis : tou-te : mon : es-pé-ran-
ce : Sei-gneur : mon : Dieu : vous :
e-xau-ce-rez : s'il : vous : plaît :
ma : pri-è-re :

Je : vous : pri-e : que : mes : en-
ne-mis : ne : se : glo-ri-fi-ent : de :
mes : mi-se-res : ni : que : dès : le :
mo-ment : que : je : fais : un : faux
pas : ils : se : dres-sent : con-tre :
moi : pour : me : fai-re : tom-ber :

Je : suis : pour-tant : dis-po-sé : à

souf-frir : tou-jours : la : per-sé-cu-
ti-on : et : la : dou-leur : que : j'ai :
mé-ri-té-e : se : pré-sen-te : con-ti-
nu-el-le-ment : a : mes : yeux :

Car : j'a-vou-e : que : j'ai : com-
mis : de : gran-des : i-ni-qui-tés : et :
je : ne : pro-po-se : a : ma : pen-
sé-e : jour : et : nuit : que : l'ob-jet :
de : mon : cri-me :

Ce-pen-dant : mes : en-ne-mis :
vi-vent : con-tens : ils : se : for-ti-fi-ent :
con-tre : moi : et : leur : nom-bre :
aug-men-te : tous : les : jours :

Ceux : qui : ren-dent : le : mal :
pour : le : bien : m'ont : é-té : con-
trai-res : par-ce : que : j'ai-me : la :
paix : et : la : dou-ceur :

Sei-gneur : ne : m'a-ban-don-nez :
point : dans : ces : pé-rils : mon : Dieu :
ne : vous : é-loi-gnez : point : de : moi :

Ve-nez : promp-te-ment : à :
mon : se-cours : mon : Sei-gneur :
et : mon : Dieu : puis-que : vous :
ê-tes : mon : sa-lut :

Gloi-re : etc :

PSEAUME 50.

MOn : Dieu : a-yez : pi-ti-é :
de : moi : se-lon : vo-tre :
gran-de : mi-sé-ri-cor-de :

Et : se-lon : la : mul-ti-tu-de :
de : vos : bon-tés : ef-fa-cez : mon :
i-ni-qui-té :

Ver-sez : a-bon-dam-ment : sur :
moi : de : quoi : me : la-ver : de :
mes : fau-tes : net-to-yez : moi : de :
mon : pé-ché :

Je : re-con-nois : mes : of-fen-ses :
et : mon : cri-me : est : tou-jours :
con-tre : moi :

Con-tre vous seul j'ai pé-ché
et j'ai com-mis de-vant vos
yeux tout le mal dont je me
sens cou-pa-ble so-yez re-con-nu
vé-ri ta-ble en vos pro-mes-ses
et de-meu-rez vic-to-ri-eux
quand vous pro-non-cez vos
ju-ge-mens

J'ai é-té souil-lé de vi-ces dès
l'ins-tant de ma for-ma-ti-on et
ma me-re m'a con-çu en pé-ché

Mais pour-tant com-me vous
a-vez tou-jours ai-mé la vé-ri-té
aus-si vous a-t-il plu de me
ré-vé-ler les mys-te-res se-crets
de vo-tre di-vi-ne sa-ges-se

Ar-ro-sez moi de l'his-so-pe
et je se-rai net-to-yé la-vez
moi et je de-vi-en-drai plus
blanc que n'est la nei-ge

Fai-tes : moi : en-ten-dre : la : voix : in-té-ri-eu-re : de : vo-tre : Saint : Es-prit : qui : me : com-ble-ra : de : joi-e : et : elle : i-ra : jus-ques : dans : mes : os : af-foi-blis : par : le : tra-vail :

Dé-tour-nez : vos : yeux : de : mes : pé-chés : et : ef-fa-cez : les : ta-ches : de : mes : i-ni-qui-tés :

Mon : Dieu : met-tez : un : cœur : net : dans : mon : sein : re-nou-vel-lez : dans : mes : en-trail-les : l'es-prit : d'in-no-cen-ce :

Ne : me : con-dam-nez : point : à : de-meu-rer : é-loi-gné : de : vo-tre : pré-sen-ce : ne : re-ti-rez : point : de : moi : vo-tre : saint : Es-prit :

Ren-dez : à : mon : a-me : la : joie : qu'elle : re-ce-vra : dès : que : vous : se-rez : son : sa-lut : et : as-su-rez :

si : bien : mes : for-ces : par : vo-tre :
Es-prit : que : je : ne : trem-ble :
plus :

J'en-sei-gne-rai : vos : voi-es : aux :
mé-chans : et : les : im-pi-es : con-
ver-tis : im-plo-re-ront : vo-tre : mi-
sé-ri-cor-de :

O : mon : Dieu : le : Dieu : de :
mon : sa-lut : pur-gez : moi : du : cri-
me : d'ho-mi-ci-de : et : ma : lan-
gue : s'es-ti-me-ra : heu-reu-se : de :
ra-con-ter : les : mi-ra-cles : de : vo-
tre : jus-ti-ce :

Sei-gneur : ou-vrez : s'il : vous :
plaît : mes : le-vres : et : ma : bou-
che : aus-si-tôt : an-non-ce-ra : vos :
lou-an-ges :

Car : si : vous : eus-si-ez : vou-lu :
des : sa-cri-fi-ces : j'eus-se : te-nu :
à : hon-neur : d'en : char-ger : vos :

au-tels : mais : je : sais : bien : que :
les : ho-lo-caus-tes : ne : peu-vent :
ap-pai-ser : vo-tre : cour-roux :

Un : es-prit : af-fli-gé : du : re-
gret : de : ses : pé-chés : est : le :
sa-cri-fi-ce : a-gré-a-ble : à : Dieu :
mon : Dieu : vous : ne : mé-pri-
se-rez : point : un : cœur : con-trit :
et : hu-mi-li-é :

Sei-gneur : fa-vo-ri-sez : la : vil-le :
de : Si-on : sui-vant : vo-tre : bon-té :
ac-cou-tu-mé-e : et : per-met-tez :
que : les : mu-rail-les : de : Je-ru-
sa-lem : soi-ent : re-le-vé-es :

A-lors : vous : a-gré-e-rez : les :
sa-cri-fi-ces : de : jus-ti-ce : vous : ac-
cep-te-rez : nos : o-bla-ti-ons : et :
nos : ho-lo-caus-tes : et : l'on : of-
fri-ra : des : veaux : sur : vos : au-tels :

Gloi-re : etc :

PSEAUME 101.

SEi-gneur : e-xau-cez : ma : pri-e-
re : et : per-met-tez : que : mon :
cri : ail-le : jus-ques : à : vous :

Ne : dé-tour-nez : point : vo-tre :
vi-sage : de : des-sus : ma : mi-se-re :
mais : prê-tez : l'o-reil-le : à : ma :
voix : quand : je : suis : en : af-
flic-ti-on :

En : quel-que : tems : que : je :
vous : in-vo-que : e-xau-cez : moi :
promp-te-ment :

Par-ce : que : mes : jours : s'é-cou-
lent : com-me : la : fu-mé-e : et :
mes : os : se : con-su-ment : com-me :
un : ti-son : dans : le : feu :

Mon : cœur : ou-tré : de : tris-
tes-se : me : fait : res-sem-bler : à :
cet-te : her-be : cou-pé-e : qui : est :
sans : vi-gueur : et : mon : a-me :

est : si : af-fli-gé-e : que : j'ou-bli-e :
de : man-ger : mon : pain :

A : for-ce : de : me : plain-dre :
et : de : sou-pi-rer : mes : os : ti-en-
nent : à : ma : peau :

Je : res-sem-ble : au : Pé-li-can :
dans : le : dé-sert : ou : à : la : chou-
et-te : en-ne-mi-e : de : la : lu-mi-è-
re : qui : se : tient : dans : les : trous :
d'u-ne : mai-son :

Je : ne : re-po-se : point : tou-tes :
les : nuits : je : de-meu-re : so-li-tai-
re : com-me : le : pas-se-reau : dans :
son : nid :

Mes : en-ne-mis : me : font : des :
re-pro-ches : tout : le : long : de : la :
jour-né-e : et : ceux : qui : m'ont :
don-né : des : lou-an-ges : se : sont :
ef-for-cés : de : me : dés-ho-no-rer :

Vo-yant : que : je : man-geois :

de : la : cen-dre : au-lieu : de :
pain : et : que : je : mê-lois : mon :
breu-va-ge : a-vec : l'eau : de : mes :
pleurs :

De-vant : la : pré-sen-ce : de : vo-
tre : co-lè-re : et : de : vo-tre : in-di-
gna-ti-on : puis-que : a-près : m'a-
voir : é-le-vé : vous : m'a-vez : si :
fort : a-bat-tu :

Mes : jours : sont : com-me : l'om-
bre : du : soir : qui : s'obs-cur-cit :
et : s'a-lon-ge : la : nuit : ap-pro-
chant : le : cha-grin : me : fait : sé-
cher : com-me : le : foin :

Mais : vous : Sei-gneur : qui : de-
meu-rez : é-ter-nel-le-ment : la :
mé-moi-re : de : vo-tre : nom : se-ra :
im-mor-tel-le : pas-sant : de : gé-né-
ra-ti-on : en : gé-né-ra-ti-on :

Tour-nez : vos : re-gards : sur :

Si-on : quand : vous : re-vi-en-drez
de : vo-tre : som-meil : pre-nez : pi-
ti-é : de : ses : mi-se-res : puis-qu'il
est : temps : de : lui : par-don-ner :

Il : est : vrai : que : ses : pri-e-res :
sont : tel-le-ment : che-res : a : vos :
ser-vi-teurs : qu'ils : ont : re-gret :
de : voir : u-ne : si : bel-le : vil-le :
dé-trui-te :

A-lors : Sei-gneur : vo-tre : nom :
se-ra : re-dou-té : par : tou-tes : les :
na-ti-ons : et : vo-tre : gloi-re : é-pou-
van-te-ra : tous : les : Rois : de : la :
ter-re :

Quand : on : sau-ra : que : vous :
a-vez : re-bâ-ti : Si-on : où : le : Sei-
gneur : pa-roî-tra : dans : sa : gloi-re :

Il : re-gar-de-ra : fa-vo-ra-ble-
ment : la : pri-e-re : des : hum-bles :
et : ne : ti-en-dra : point : leur : sup-

pli-ca-ti-on : di-gne : de : mé-pris :

Tou-tes : ces : cho-ses : se-ront :
con-si-gné-es : dans : l'his-toi-re :
pour : l'ins-truc-ti-on : de : la : pos-
té-ri-té : qui : en : don-ne-ra : des :
lou-an-ges : au : Sei-gneur :

Il : re-gar-de : i-ci : bas : du : saint :
lieu : où : son : trô-ne : est : é-le-vé :
et : du : Ciel : où : il : ré-si-de : il :
jet-te : ses : yeux : sur : la : ter-re :
Pour : en-ten-dre : les : cris : de : ceux :
qui : sont : dans : les : fers : et : pour :
rom-pre : les : chaî-nes : de : ceux :
qui : sont : con-dam-nés : à : mort :

A-fin : que : le : nom : du : Sei-
gneur : soit : ho-no-ré : dans : Si-
on : et : que : sa : lou-an-ge : soit :
chan-té-e : en : Je-ru-sa-lem :
Quand : tous : les : peu-ples : s'as-
sem-ble-ront : que : les : Ro-yau-

mes : s'u-ni-ront : pour : le : ser-vir :
et : pour : a-do-rer : son : pou-voir :
. Mais : je : sens : qu'il : a-bat : mes :
for-ces : par : la lon-gueur : du :
che-min : il : a : di-mi-nué : le :
nom-bre : de : mes : jours :

C'est : pour-quoi : je : m'a-dres-se :
à : mon : Dieu : et : j'ai : dit : Sei-
gneur : ne : m'ô-tez : pas : du : mon-de :
au : mi-lieu : de : la : vi-e : vos :
an-né-es : ne : fi-ni-ront : ja-mais

Car : c'est : vous : qui : dès : le :
com-men-ce-ment : a-vez : as-su-ré :
les : fon-de-mens : de : la : ter-re :
et : les : Cieux : sont : les : œu-
vres : de : vos : mains :

Mais : ils : pé-ri-ront : il : n'y :
au-ra : que : vous : seul : de : per-ma-
nent : et : tou-tes : ces : cho-ses : vieil-
li-ront : com-me : le : vê-te-ment :

Et vous le chan-ge-rez com-
me un man-teau ou com-me un
pa-vil-lon et vous se-rez tou-
jours le mê-me que vous a-vez
é-té sans que vos an-né-es
pren-nent ja-mais de fin

Tou-te-fois les en-fans de vos
ser-vi-teurs au-ront u-ne de-
meu-re as-su-ré-e et ceux qui
naî-tront d'eux jou-i-ront en
vo-tre pré-sen-ce d'u-ne gran-
de fé-li-ci-té Gloi-re etc

PSEAUME 129.

SEi-gneur je me suis é-cri-é
vers vous du pro-fond
a-bîme de mes enenuis Sei-
gneur é-cou-tez ma voix

Ren-dez s'il vous plaît vos
o-reil-les at-ten-ti-ves aux tris-
tes ac-cens de mes plain-tes

Sei-gneur : si : vous : e-xa-mi-nez :
de : près : nos : of-fen-ses : qui : est-
ce : qui : pour-ra : sou-te-nir : les :
ef-forts : de : vo-tre : co-le-re :

Mais : la : clé-men-ce : et : le : par-
don : se : trou-vent : chez : vous : ce :
qui : est : cau-se : que : vous : ê-tes :
craint : et : ré-vé-ré : et : que : j'at-
tends : l'ef-fet : de : vos : pro-mes-ses

Mon : a-me : s'é-tant : as-su-ré-e :
sur : vo-tre : pa-ro-le : a : mis : tou-
tes : ses : es-pé-ran-ces : en : Dieu :

Ain-si : de-puis : la : gar-de : as-si-se :
dès : l'au-be : du : jour : jus-qu'à : la :
sen-ti-nel-le : de : la : nuit : Is-ra-ël :
es-pè-re : tou-jours : au : Sei-gneur :
Car : il : y : a : dans : le : Sei-gneur :
u-ne : plé-ni-tu-de : de : mi-sé-ri-
cor-de : et : u-ne : a-bon-dan-ce :
de : gra-ce : pour : nous : ra-che-ter :

Et : c'est : lui : mê-me : qui : r
che-te-ra : son : peu-ple : de : tous
ses : pé-chés :

Gloi-re : soit : au : Pe-re : etc.

Pseaume 142.

SEi-gneur : e-xau-cez : ma : pri-e-
re : prê-tez : l'o-reil-le : à : mon
o-rai-son : en-ten-dez : moi : se-lon
la : vé-ri-té : de : vos : pro-mes-ses
se-lon : vo-tre : jus-ti-ce :

N'en-trez : point : en : ju-ge-ment
a-vec : vo-tre : ser-vi-teur : car
au-cun : ne : se : peut : ja-mais
jus-ti-fier : de-vant : vous :

L'en-ne-mi : qui : m'a : per-sé-
cu-té : sans : me : don-ner : un
mo-ment : de : re-lâ-che : m'a : pres-
que : ré-duit : à : ex-pi-rer : en
mort : dans : la : pous-si-e-re :

Il m'a jeté dans l'hor-reur
es té-né-bres et com-me si
j'é-tois dé-jà mort au mon-de
mon es-prit se trou-ve a-gi-té
par beau-coup d'in-qui-é-tu-des
et mon cœur se con-su-me
de dou-leur

Mais je me suis con-so-lé
par le sou-ve-nir des temps
pas-sés dis-cou-rant en mon
es-prit de vos ac-ti-ons mer-
veil-leu-ses en fa-veur des
pe-res et mé-di-tant sur les
ou-vra-ges de vos mains

Je vous tends les mien-nes
et mon a-me vous dé-si-re
a-vec au-tant d'im-pa-ti-en-ce
que la ter-re sè-che at-tend
de l'eau

Sei-gneur e-xau-cez-moi donc

promp-te-ment : car : mes : for-ces
me : quit-tent : et : mon : es-prit
est : dé-ja : sur : le : bord : de
mes : le-vres :

Ne : dé-tour-nez : point : de
moi : vo-tre : vi-sa-ge : a-fin : que :
je : ne : de-vien-ne : point : sem-
bla-ble : à : ceux : qui : des-cen-
dent : dans : l'a-bî-me :

Mais : plu-tôt : qu'il : vous : plai-
se : me : fai-re : en-ten-dre : dès :
le : ma-tin : la : voix : de : vo-tre : mi-sé-
ri-cor-de : puis-que : c'est : en : vous :
que : j'ai : mis : mon : es-pé-ran-ce :

Mon-trez : moi : le : che-min :
par : le-quel : je : dois : mar-cher :
dès : que : mon : a-me : est : tou-
jours : é-le-vé-e : vers : vous :

Sei-gneur : dé-li-vrez : moi : du
pou-voir : de : mes : en-ne-mis : je :

e jet-te en-tre vos bras en-sei-
gnez-moi à fai-re vo-tre vo-lon-
té car vous ê-tes mon Dieu

Vo-tre Es-prit qui est bon
me con-dui-ra par u-ne ter-re
u-ni-e et pour la gloi-re de
vo-tre nom Sei-gneur vous me
re-don-nez des for-ces et la vi-
gueur se-lon vo-tre é-qui-té

Dé-li-vrez mon a-me des af-
flic-ti-ons qui l'op-pres-sent et
me fai-sant sen-tir les ef-fets
de vo-tre mi-sé-ri-cor-de ex-ter-
mi-nez mes en-ne-mis

Per-dez tous ceux qui tâ-
chent de m'ô-ter la vi-e par
les pei-nes qu'ils don-nent à
mon es-prit car je suis vo-tre
ser-vi-teur

Gloi-re etc

LES VE-PRES
Du Di-man-che.

PSEAUME 109.

L E : Sei-gneur : a : dit : à : mon :
Sei-gneur : so-yez : as-sis : à :
ma : droi-te :

Tan-dis : que : ter-ras-sant : vos :
en-ne-mis : je : les : fe-rai : ser-vir :
d'es-ca-beau : à : vos : pieds :

Le : Sei-gneur : fe-ra : sor-tir : de :
Si-on : le : scep-tre : de : vo-tre : puis-
san-ce : pour : é-ten-dre : vo-tre :
em-pi-re : au : mi-li-eu : des : Na-ti-
ons : qui : sont : vos : en-ne-mi-es :

Vo-tre : peu-ple : se : ran-ge-ra :
au-près : de : vous : au : jour : de :
vo-tre : for-ce : é-tant : re-vê-tu : de :

la·splen-deur·de·vos·Saints·dès·
le·mo-ment·de·vo-tre·nais-san-
ce·qui·pa-roî-tra·au·mon-de·
com-me·la·ro-sé-e·de·l'au-ro-re·

Le·Sei-gneur·a·ju-ré·et·il·
ne·se·re-trac-te-ra·point·vous·
ê-tes [dit-il] Prê-tre·é-ter-nel-le-
ment·se-lon·l'or-dre·de·Mel-
chi-se-dech·

Le·Sei-gneur·est·á·vos·cô-
tés·il·bri-se-ra·l'or-gueil·des·
Rois·au·jour·de·sa·fu-reur·

Il·e-xer-ce-ra·sa·jus-ti-ce·sur·
tou-tes·les·Na-ti-ons·il·cou-vri-
ra·les·champs·de·corps·morts·
et·cas-se-ra·la·tê-te·á·plu-
si-eurs·mu-tins·qui sont·sur·
la·ter-re·

Il·boi-ra·en·che-min·des·
e-aux·du·tor-rent·et·par·la·

il : s'é-le-ve-ra : dans : la : gloi-re :
Gloi-re : soit : au : Pe-re : etc :

PSEAUME 110.

SEi-gneur : je : con-fes-se-rai : vos : lou-an-ges : de : tout : mon : cœur : les : pu-bli-ant : en : l'as-sem-blé-e : des : jus-tes : et : en : la : con-gré-ga-ti-on : des : fi-del-les :

, Les : ou-vra-ges : du : Sei-gneur : sont : grands : et : ceux : qui : les : con-si-dé-rent : ne : se : peuvent : lasser : de : les : ad-mi-rer :

La : gloire : et : la : ma-gni-fi-cen-ce : pa-rois-sent : dans : les : ou-vra-ges : de : ses : mains : la : jus-ti-ce : de-meu-re : in-vi-o-la-ble : pen-dant : l'é-ter-ni-té :

Il : nous : fait : cé-lé-brer : la : mé-moi-re : de : ses : mer-veil-les : le : bon : et : mi-sé-ri-cor-di-eux :

Seigneur : qu'il : est : il : nour-rit :
ceux : qui : le : ser-vent : a-vec :
crain-te :

Il : n'y : a : point : de : si-è-cle :
ni : de : du-ré-e : qui : lui : fas-se : per-
dre : le : sou-ve-nir : de : son : al-li-an-
ce : il : fe-ra : pa-roî-tre : à : son : peu-
ple : la : ver-tu : de : ses : ex-ploits :

Il : aug-men-te-ra : son : hé-ri-ta-ge :
par : des : bi-ens : des : Na-ti-ons : in-
fi-del-les : et : l'on : ver-ra : par : les :
ou-vra-ges : de : ses : mains : la : vé-ri-
té : de : ses : pro-mes-ses : et : l'in-fail-
li-bi-li-té : de : ses : ju-ge-mens :

Rien : ne : pour ra : ja-mais :
é-bran-ler : la : for-ce : de : ses : lois :
fon-dé-es : sur : la : du-ré-e : de :
l'é-ter-ni-té : com-po-sé-es : se-lon :
les : re-gles : de : la : vé-ri-té : et :
de : la : jus-ti-ce :

Il lui a plu d'en-vo-yer la
ré-demp-ti-on à son peu-ple et
de fai-re a-vec lui une al-li-an-
ce qui de-meu-rât tou-jours

Son nom saint re-dou-ta-ble
nous fait as-sez voir que le com-
men-ce-ment de la sa-ges-se est
la crain-te du Sei-gneur

En ef-fet il n'y a que des
per-son-nes bien a-vi-sé-es qui
ob-ser-vent ces pré-cep-tes et
leurs lou-an-ges sub-sis-te-ront
du-rant tou-te l'é-ter-ni-té

Gloi-re soit au Pe-re etc

PSEAUME III.

HEu-reux est l'hom-me qui
sert le Sei-gneur a-vec
crain-te il ne trou-ve point de
plai-sir qui é-ga-le ce-lui d'e-xé-
cu-ter ses com-man-de-ments

Sa : pos-té-ri-té : se-ra : puis-san-
te : sur : la : ter-re : la : ra-ce : des :
Jus-tes : se-ra : com-blé-e : de : bé-né-
dic-ti-ons :

La : gloi-re : et : les : ri-ches-ses :
ren-dront : sa : mai-son : flo-ris-san-te
et : son : é-qui-té : sub-sis-te-ra : é-ter-
nel-le-ment :

Ain-si : la : lu-mi-e-re : se : ré-
pand : sur : les : bons : par-mi : les :
té-né-bres : par-ce : que : le : Sei-
gneur : est : jus-te : pi-to-ya-ble :
et : mi-sé-ri-cor-di-eux :

L'hom-me : qui : est : sen-si-ble :
aux : af-flic-ti-ons : de : son : pro-
chain : l'as-sis-tant : se-lon : sa : com-
mo-di-té : est : heu-reux : qui : dis-je :
re-gle : ses : pa-ro-les : et : ses : ac-
ti-ons : sur : les : pré-cep-tes : de : la :
jus-ti-ce : ne : tom-be-ra : ja-mais :

Sa : mé-moi-re : se-ra : im-mor-
tel-le : et : il : ne : crain-dra : point
que : les : lan-gues : mé-di-san-tes :
dés-ho-no-rent : sa : ré-pu-ta-ti-on :

Son : cœur : est : dis-po-sé : à : met-
tre : tou-te : sa : con-fi-an-ce : au :
sei-gneur : sans : n'a-voir : au-cu-ne :
pen-sé-e : de : l'en : dé-tour-ner :
ja-mais : il : ne : craint : rien : et :
il : at-tend : a-vec : cons-tan-ce : la :
dé-rou-te : de : ses : en-ne-mis :

Et : par-ce : que : dans : la : dis-
tri-bu-ti-on : de : ses : biens : il : en :
a : u-sé : li-bé-ra-le-ment : en-vers :
les : né-ces-si-teux : sa : jus-ti-ce :
de-meu-re-ra é-ter-nel-le-ment : et :
sa : puis-san-ce : se-ra : ho-no-ré-e :
de : tout : le : mon-de :

Les : mé-chans : vo-yant : ce-la :
cré-ve-ront : de : dé-pit : et : de :

ra-ge : ils : en : grin-ceront : les :
dents : ils : en : sé-che-ront : de : co-
le-re : mais : ils : se-ront : frus-trés :
en : leur : at-ten-te : car : les : dé-sirs :
des : mé-chans : pé-ri-ront :

Gloi-re : soit : au : Pe-re : etc :

PSEAUME 112.

EN-fans : qui : ê-tes : ap-pe-lés :
au : ser-vi-ce : du : Sei-gneur :
lou-ez : son : saint : nom :

Que : le : nom : du : Sei-gneur :
soit : bé-ni : dès : à : pré-sent : et :
pen-dant : tou-te : l'é-ter-ni-té :

Car : de-puis : le : so-leil : le-vant :
jus-qu'au : point : qu'il : se : cou-che :
le : nom : du : Sei-gneur : mé-ri-te :
des : lou-an-ges :

Le : sei-gneur : est : e-xal-té : par-
des-sus : tou-tes : les : Na-ti-ons : sa

gloi-re : est : é-le-vé-e : par-des-sus :
les : Cieux :

   Qui : est-ce : donc : qui : peut :
en-trer : en : com-pa-rai-son : a-vec :
le : sei-gneur : no-tre : Dieu : qui :
de-meu-re : là-haut : et : qui : s'a-
bais-se : tou-te-fois : jus-qu'à : con-
si-dé-rer : les : cho-ses : qui : sont :
dans : le : ciel : et : sur : la : ter-re :

   Il : re-le-ve : les : mi-sé-ra-bles :
de : la : pous-si-e-re : et : re-ti-re :
les : plus : pau-vres : de : la : fan-ge :

   Pour : les : é-ta-blir : dans : les :
char-ges : ho-no-ra-bles : pour : leur :
fai-re : part : du : gou-ver-ne-ment :
des : af-fai-res : a-vec : les : prin-ces :
de : son : peu-ple :

   Qui : rend : fé-con-de : la :
fem-me : sté-ri-le : et : rend :

jo-yeu-se : la : fai-sant : me-re : de :
plu-si-eurs : en-fans :

Gloi-re : soit : au : Pe-re : etc :

PSEAUME 113.

EN : cet-te : mé-mo-ra-ble :
sor-ti-e : que : fit : Ir-ra-ël : hors :
de : l'é-gyp-te : a-près : que : la : mai-son
de : Ja-cob : fut : dé-li-vré-e : de : la :
cap-ti-vi-té : où : el-le : é-toit : ré-
dui-te : chez : un : peu-ple : bar-ba-re :

Dieu : choi-sit : la : Ju-dé-e :
pour : y : dres-ser : son : sanc-
tu-ai-re : et : pour : é-ta-blir : son :
em-pi-re : en : Is-ra-ël :

La : mer : vit : cet-te : hau-te :
en-tre-pri-se : et : prit : la : fui-te
et : le : Jour-dain : ar-rê-tant : ses :
eaux : les : fit : re-mon-ter : du :
cô-té : de : sa : sour-ce :

Les : mon-ta-gnes : ont : sau-té :

com-me : des : bé-liers : et : les : col-li-nes : ont : tres-sail-li : de : joi-e : dans : la : plai-ne : com-me : de : pe-tits : a-gneaux : au-près : de : leurs : me-res :

Mais : di-tes : nous : gran-de : Mer : qui : est-ce : qui : vous : é-pou-van-ta : si : fort : que : vous : vous : re-ti-râ-tes : en : fu-yant : et : vous : fleu-ve : du : Jour-dain : qui : vous : fit : re-tour-ner : en : ar-ri-e-re :

Vous : mon-ta-gnes : pour-quoi : bon-dis-sez-vous : com-me : des : a-gneaux : au-près : des : me-res :

C'est : que : de-vant : la : fa-ce : du : Sei-gneur : la : ter-re : s'est : é-mu-e : c'est qu'el-le a : sen-ti : les : a-gi-ta-ti-ons : de : la : crain-te : en : la : pré-sen-ce : du : Dieu : de : Ja-cob :

Qui : fait : sor-tir : les : é-tangs :

de : la : pi-er-re : et : qui : con-ver-
tit : les : ro-chers : en : fon-tai-nes :

Non : point : à : nous : sei-gneur :
non : point : à : nous : mais : à :
vo-tre : nom : don-nez : la : gloi-re :
qui : lui : ap-par-ti-ent : .

A : cau-se : de : la : gran-deur :
de : vo-tre : mi-sé-ri-cor-de : et :
de : vos : pro-mes-ses : a-fin : que :
les : Na-ti-ons : ne : di-sent : point :
où : est : leur : Dieu :

Car : il : est : au : Ciel : où : il : fait :
tout : ce : qu'il : lui : plaît : sans : que :
sa : puis-san-ce : soit : li-mi-té-e :

Mais : les : si-mu-la-cres : des : Gen-
tils : sont : or : et : ar-gent : ou-vra-
ges : des : mains : des : hom-mes :

Ils : ont : u-ne : bou-che : et : ne :
par-lent : point : ils : ont : des :
yeux : et : ne : voi-ent :

Ils : ne : sont : pas : ca-pa-bles : d'é-cou-ter : a-vec : leurs : o-reil-les : ni : de : flai-rer : a-vec : leurs : nar-ri-nes :

Leurs : mains : sont : i-nu-ti-les : pour : tou-cher : leurs : pi-eds : sont : in-ca-pa-bles : de : mar-cher : ils : ne : sau-roient : ren-dre : au-cun : son : de : leur : gor-ge :

Que : ceux-là : qui : les : font : les : puis-sent : res-sem-bler : et : tous : les : hom-mes : qui : met-tent : en : eux : leur : con-fi-an-ce :

La : mai-son : d'Is-ra-ël : a : mis : tou-te : son : es-pé-ran-ce : au : Sei-gneur : qui : est : prêt : à : son : se-cours : car : il : est : son : pro-tec-teur :

La : mai-son : d'A-a-ron : a : es-pé-ré : en : sa : seu-le : bon-té : il : est : son : ap-pui : et : son : pro-tec-teur :

Ceux : qui : crai-gnent : le : Sei-gneur : se : con-fi-ent : en : lui : il : est : leur : re-fu-ge : et : leur : pro-tec-teur :

Le : Sei-gneur : s'est : sou-ve-nu : de : nous : et : nous : a : don-né : bé-né-dic-ti-on : il : a : com-blé : de : fa-veur : la : mai-son : d'Is-ra-ël : il : a : bé-ni : la : mai-son : d'A-a-ron :

Il : a : ré-pan-du : ses : gra-ces : sur : tous : ceux : qui : ré-vé-rent : sa : puis-san-ce : de-puis : les : plus : grands : jus-qu'aux : plus : pe-tits :

Que : le : Sei-gneur : vous : fa-vo-ri-se : in-ces-sam-ment : vous : et : vos : en-fans :

Puis-que : vous : ê-tes : ai-mé : de : ce : Sei-gneur : qui : a : fait : le : Ciel : et : la : Ter-re :

Le : Ciel : très-haut : que : le :

Sei-gneur : a : choi-si : pour : sa : de-meu-re : et : la : Ter-re : qu'i a : don-né-e : aux : en-fans : des : hom-mes : a-fin : d'y : ha-bi-ter :

Tou-te-fois : Sei-gneur : les : morts : ne : vous : lou-ent : point : ni : ceux : qui : des-cen-dent : dans : les : lieux : pro-fonds :

Mais : nous : qui : vi-vons : ren-dons : con-ti-nu-el-le-ment : des : ac-ti-ons : de : gra-ces : au : Sei-gneur : et : re-con-nois-sons : à : ja-mais : ses : fa-veurs :

Gloi-re : etc :

HYMNE.

CRé-a-teur : ex-cel-lent : de : la lu-mi-e-re : qui : pro-dui-sez : cel-le : des : jours : pré-pa-rant : l'o-ri-gi-ne : du : monde : par : le : com-men-ce-ment : d'u-ne : clar-té : tou-te : nou-vel-le :

Vous : a-vez : or-don-né : qu'on :
ap-pel-le-roit : jour : le : ma-tin : joint :
a-vec : le : soir : dé-brouil-lant : l'hor-
ri-ble : con-fu-si-on : des : cho-ses :
en-ten-dez : nos : pri-e-res : qui : sont :
ac-com-pa-gné-es : de : lar-mes :

De : peur : que : l'es-prit : op-pri-
mé : par : les : cri-mes : ne : soit :
pri-vé : des : biens : de : la : vi-e :
tan-dis : que : ne : son-geant : point :
à : mé-di-ter : les : cho-ses : é-ter-
nel-les : il : se : pré-ci-pi-te : dans :
les : li-ens : du : pé-ché :

Qu'il : pous-se : ses : dé-sirs : jus-
que : dans : le : Ciel : qu'il : rem-por-
te : le : prix : de : la : vi-e : é-vi-tons :
tout : ce : qui : lui : peut : ê-tre : con-
trai-re : et : par : u-ne : sain-te : pé-
ni-ten-ce : pur-geons : no-tre-a-me :
de : tou-tes : ses : i-ni-qui-tés :

Fai-tes : nous : cet-te : fa-veur :
Pe-re : très-saint : vous : son : Fils :
u-ni-que : et : vous : Es-prit : con-
so-la-teur : qui : rè-gnez : à : per-pé-
tu-i-té : Ain-si : soit-il :

Cantique de la Vierge.

MON : a-me : glo-ri-fi-e : le :
Sei-gneur :

Et : mon : es-prit : s'est : ré-jou-i :
en : Dieu : au-teur : de : mon : sa-lut :
Par-ce : qu'il : a : re-gar-dé : fa-
vo-ra-ble-ment : la : pe-ti-tes-se : de :
sa : ser-van-te : et : de : là : je : se-rai :
nom-mé-e : bien-heu-reu-se : dans :
la : sui-te : de : tous : les : â-ges :
Car : le : Tout-puis-sant : a : o-pé-
ré : en : moi : de : gran-des : mer-
veil-les : son : nom : est : saint :
Sa : mi-sé-ri-cor-de : pas-se : de :
li-gné-e :

i-gné-e en : li-gné-e : en : tous :
ceux : qui, : le : ser-vent : a-vec :
crain-te :

Il : a : fait : pa-roî-tre : la : for-ce :
de : son : bras : fai-sant : a-vor-ter :
les : des-seins : des : su-per-bes :

Il : a : fait : des-cen-dre : les :
puis-sans : de : leurs : Trô-nes : et :
a : é-le-vé : les : pe-tits :

Il : a : rem-pli : de : biens : les :
né-ces-si-teux : et : a : ré-duit : les :
ri-ches : à : la : men-di-ci-té :

Il : a : pris : en : sa : pro-tec-ti-on :
son : ser-vi-teur : Is-ra-ël : s'é-tant :
re-sou-ve-nu : de : sa : mi-sé-ri-cor-de :

Se-lon : la : pa-ro-le : qu'il : en :
a-voit : don-né-e : à : nos : pe-res :
à : A-bra-ham : et : à : tou-te : sa :
pos-té-ri-té : pour : ja-mais :

Gloi-re : etc :

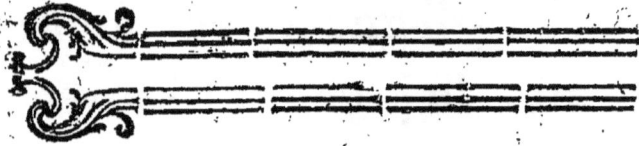

L'OFFICE

DE LA

VIERGE-MARIE.

A MATINES.

SEigneur, ouvrez s'il vous plaît mes levres.

Et ma bouche aussitôt annoncera vos louanges.

Mon Dieu, venez à mon aide, Seigneur, hâtez-vous de me secourir

Gloire soit au Pere, et au Fils, et au Saint-Esprit.

Comme elle étoit au commencement, comme elle est maintenant, et comme elle sera toujours aux siecles des siecles. Ainsi soit-il.

Pseaume 94.

Enez, montrons la joie que nousavons au Seigneur; chanons la gloire de Dieu, qui est notre refuge, comparoissons devant lui, célébrons ses louanges, et faisons résonner les Cantiques dans notre alégresse. Je vous salue, Marie, pleine de grâce, le Seigneur est avec vous.

Car le Seigneur est le grand Dieu, et le grand Roi est au-dessusdetous les Dieux; il ne rebutera point son peuple; il tient en sa main les extrémité de la terre avec les abîmes, et les montagnes les plus relevées sont à lui. Le Seigneur est avec vous.

La mer lui appartient puisqu'il en est l'excellent ouvrier, et ses mains ont aussi formé la terre. Venez donc et puisqu'il mérite des adorations, fléchissons les ge-

noux en sa présence: versons des
larmes devant le Seigneur qui nous
a faits, car il est notre Dieu, et
sommes les peuples qu'il regarde
comme les brebis de sa bergerie.
Je vous salue, Marie, pleine de
grâce, le Seigneur est avec vous.

Que si vous écoutez aujourd'hui
sa voix, n'endurcissez point vos
cœurs, comme vous fites en la jour-
née de contradiction qui arriva
dans le désert où ils m'éprouverent
et où ils virent mes œuvres. Le
Seigneur est avec vous.

Ce peuple m'a offensé sans cesse
par l'espace de quarante ans; de
sorte que j'ai dit : Ce peuple se
trompe toujours en son cœur, et
il n'a point connu mes voies; aussi
ai-je bien fait serment dans ma co-
lere, qu'il n'entreroit point dans
le lieu de mon repos.

Je vous salue, Marie, pleine de

grâce, le Seigneur est avec vous.
Gloire soit au Pere, etc.

HYMNE.

CElui-là que la terre, la mer, les Cieux révérent, adorent et louent, qui par sa puissance infinie gouverne ce grand univers les flancs de Marie ont eu l'honneur de porter.

Les entrailles d'une Vierge féconde, comblée de grâce et de bénédictions du Ciel, contiennent celui à qui la lune, le soleil et toutes Créatures obéissent.

Heureuse Mere, à cause du précieux fruit qu'elle porte! Son chaste ventre enferme, comme dans un tabernacle, celui qui a créé le monde, et qui le soutient dans le creux de sa main.

Heureuse encore par l'ambassade que vous avez reçue du Ciel, ayant été rendue féconde par le

Saint-Esprit ? Par votre consentement, le Désiré des Nations a été envoyé au Monde.

Donc à vous, Seigneur, né de la Vierge, gloire soit donnée, comme au Pere, au Fils et au Saint - Esprit, aux siecles des siecles. Ainsi soit-il.

PSEAUME 95.

SEigneur, notre souverain Seigneur, que votre nom est grand et admirable par toute la terre.

Votre magnificence est élevée par-dessus les Cieux.

Vous avez mis vos louanges dans la bouche des petits enfants qui sont encore à la mamelle, afin de remplir de confusion vos adversaires, et détruire les ennemis de votre gloire.

Car je considérerai les Cieux qui sont l'ouvrage de vos mains, avec attention, ensemble la Lune et les étoiles que vous avez formé.

Mais, qu'est-ce que l'homme pour vous souvenir de lui ? ou de quelles perfections est orné le Fils de l'Homme, pour être digne que vous lui fassiez l'honneur de le visiter.

Car vous ne l'avez rendu qu'un peu inférieur aux Anges : vous l'avez couronné d'honneur et de gloire, et lui avez donné l'empire sur tous les ouvrages de vos mains.

Vous avez mis toutes choses sous ses pieds : les brebis, les bœufs et les troupeaux des champs reconnoissent sa domination et son pouvoir.

Et les oiseaux de l'air, les poissons de la mer, et ceux qui se promènent dans les eaux.

Seigneur, notre souverain Seigneur, que votre nom est grand

et admirable par toute l'étendue
de la terre !

Gloire , etc.

PSEAUME 18.

LEs Cieux racontent la gloire
de Dieu, et le Firmament
publie l'excellence des ouvrages
qui sont sortis de ses mains.

Le jour qui passe annonce ses
merveilles au jour qui le suit, et
la nuit apprend à l'autre nuit à
chanter ses louanges.

Il n'y a point de Nations ni de
langues qui n'entendent leur voix
et leur langage.

Car le bruit qu'ils font va par
toute la terre, et leurs paroles
volent jusqu'aux extrêmités du
monde.

Le Seigneur a établi dans les
Cieux la demeure du Soleil, où il
paroît comme un époux bien paré,
sortant de sa chambre nuptiale.

Il commence sa course gaiement comme un Prince fort et généreux : il sort de l'un des bouts des Cieux.

Et ayant continué son vaste tour jusqu'à l'autre extrémité , il n'a trouvé aucune créature qui n'ait senti sa chaleur.

La loi du Seigneur , qui est sans tache, attire les affections des belles ames, les promesses de Dieu sont certaines, elles donnent la sagesse aux simples.

Sa justice infaillible donne de la joie à tous les cœurs : ses commandemens, qui sont purs, éclairent nos yeux obscurcis.

La crainte du Seigneur, laquelle demeure éternellement est sainte : ses jugemens sont équitables, étant fondés dans sa justice infinie.

Ils sont beaucoup plus désirables que l'or et que toutes les pierres précieuses : ils sont plus doux que le miel le plus excellent.

C'est pourquoi votre serviteur les a toujours gardés, sachant qu'il y a de grandes récompenses pour ceux qui les observent.

Qui peut savoir le grand nombre de ses fautes ? Seigneur, lavez-moi de mes iniquités cachées, et ne permettez pas que votre serviteur devienne coupable des péchés d'autrui.

Si ces péchés ne me surmontent point, comme je serai sans tache, je serai alors aussi purgé de grands crimes.

Par ce moyen vous aurez agréables les paroles de ma bouche, et les pensées de mon-cœur seront toujours bien reçues devant vous.

Seigneur, vous êtes mon espérance et mon Rédempteur.

Gloire soit au Père, etc.

Pseaume 23.

LA terre est au Seigneur , et tout ce qu'elle contient , et toutes les créatures qui l'habitent,

Il a établi sur la mer le fondement de la terre : il l'a rendue habitable en donnant des bornes à ses rivieres.

Qui montera à la montagne du Seigneur ou qui sera digne d'habiter dans son Sanctuaire ?

Celui de qui les mains sont innocentes et le cœur net , qui n'use point de sermens pour tromper autrui.

Celui-là recevra de grandes bénédictions du Seigneur , et il obtiendra miséricorde de Dieu son sauveur.

Tels sont ceux qui cherchent Dieu , qui cherchent à paroître devant le Dieu de Jacob.

Ouvrez-vous donc , grandes

portes, et vous aussi, portes éter-
nelles du Ciel, puisque le Roi
de gloire veut entrer.

Quel est ce Roi de gloire?
C'est le Seigneur grand et puis-
sant ; c'est ce Seigneur si re-
doutable dans les combats.

Ouvrez-vous donc , grandes
portes, et vous aussi portes éter-
nelles du Ciel , puisque le Roi de
gloire veut entrer.

Mais enfin quel est ce Roi de
gloire? Le Seigneur des armées
est ce Roi tout environné de
gloire.

Gloire soit au Père , etc.

PSEAUME 44.

MOn cœur m'inspire un bon
propos , c'est de composer
cet ouvrage à la gloire du Roi.

Ma langue imitera la legereté
de la main d'un habile écrivain.

Vous surpassez toutes les beau-tés des Hommes : les graces sont répandues sur vos levres ; c'est pourquoi Dieu vous a béni de toute éternité.

Mais, ô puissant Roi, mettez votre épée à votre côté.

Et tout éclatant de gloire , ten-dez votre arc : marchez en assu-rance , et vous régnerez.

A cause de la vérité, de la man-suétude et de la justice , votre bras fera réussir soutes vos entre-prises par des exploits inouis.

Car la pointe de vos dards per-cera le cœur de vos ennemis, et rangera tous les peuples sous vo-tre obéissance.

Mon Dieu , votre Trône est éternel, et votre sceptre est un scep-tre d'une conduite bien douce.

Vous avez toujours aimé la jus-tice, et avez eu en horreur l'in quité : pour ce sujet Dieu vous a sacré d'une huile de liesse, plus excellente que celle qu'il a répandue sur vos associés.

La myrrhe, l'aloès et la casse font sortir une odeur agréable de vos vêtemens, que les filles des Rois tirent de leurs cabinets d'ivoire pour vous faire honneur.

La Reine, plus belle que toutes les autres, paroit à votre côté vêtue d'une robe de fin or, diversifiée de pierres précieuses.

Ecoutez, ma fille, ouvrez les yeux, et soyez attentive aux conseils que je vous donne : oubliez votre peuple, et quittez la maison de votre pere.

Le plus grand des Rois désire posséder les perfections que vous avez ; il est le Seigneur et le Dieu que tous les Peuples sont tenus d'adorer.

Les filles de Tyr, les peuples les plus opulens viendront implorer votre crédit, avec quantité de présens qu'ils vous feront.

Les plus grands ornemens de cette Princesse ne paroissent point au-dehors : sa robe est en broderie d'or, parsemée de couleurs et de fleurs tissues avec l'aiguille.

Les filles de sa suite, celles qui sont plus près de sa personne, auront l'honneur de vous être présentées.

Elles paroîtront devant vous avec alégresse, et elles entreront dans le Palais royal.

Au lieu de vos parens, vous aurez des enfans généreux que vous établirez Princes sur la terre.

Ils se souviendront toujours de vous, et laisseront à la postérité des marques de votre gloire et de votre excellence.

Pour ce sujet, les peuples ne se lasseront jamais de vous louer dans la suite des siècles.

Gloire soit au Père etc.

Pseaume 45.

Dieu est notre refuge et notre force; il nous a secourus dans les dangers et afflictions qui nous environnent de toute part.

C'est pourquoi nous n'aurons aucune crainte, quand même la terre seroit émue, et que les montagnes iroient au fond de la mer.

Quand même les eaux seroient agitées par des tempêtes extraordinaires, et que les montagnes se renverseroient.

Le cours délicieux d'un fleuve embélit la sainte Cité: cette Cité le très-Haut l'a sanctifiée pour en faire sa demeure.

Le Seigneur étant au milieu d'elle elle ne sera point ébranlée: car il lui

donnera

donnera du secours quand elle en aura besoin.

Quand les peuples se sont bandés contre cette Cité, leurs Royaumes ont été presque ruinés au premier son de voix du Seigneur son protecteur.

Le Seigneur des armées est avec nous, le Dieu de Jacob nous est un refuge assuré.

Venez donc, et considérez les ouvrages du Seigneur, qui fait tant de prodiges sur la terre, qui fait cesser les guerres jusqu'aux extrémités du monde.

Il rompt les javelots, met les armées en pieces, et jette les boucliers dans le feu.

Arrêtez-vous ici, dit-il, et considérez que je suis Dieu : je ferai connoître ma puissance à tous les peuples de la terre : et je serai glorifié par tout le monde.

F

Le Seigneur des armées est avec
nous, le Dieu de Jacob nous est
un refuge assuré.

Gloire soit au Père, etc.

Pseaume 86.

LEs fondemens de Jerusalem
sont jetés sur les montagnes.
Dieu aime plus les portes de Sion
que les tabernacles de Jacob.

Cité de Dieu, on a raconté de
vous des choses glorieuses.

J'aurai mémoire de l'Egypte et
de Babylonne, puisqu'elles ont
connu mon nom.

Ceux qui habitent la Palestine,
les Tyriens et les Ethiopiens, y
seront bien venus.

Et quelqu'un dira, parlant de
Sion: Un homme excellent est né
dans cette cité, qui a été fondée
par le Très-Haut.

Le Seigneur écrira dans ses re-
gistres les noms des peuples et des

Princes, qui ont été assez heureux pour se trouver en icelle.

Que vous êtes une demeure a-gréable, sainte Cité, puisque tous vos habitans sont remplis de joie et de vertus.

Gloire soit au Père, etc.

PSEAUME 95.

CHantez un Cantique nouveau à la louange du Seigneur : récitez des Hymnes à sa gloire, vous Peuple de la Terre.

Chantez des airs à son honneur ; et donnez à son saint nom les louanges qu'il mérite : annoncez de jour en jour l'histoire de ses bienfaits.

Publiez ses actions glorieuses parmi les nations : et racontez à tous les peuples les merveilles de sa puissance.

Car le Seigneur est grand, et digne d'un suprême honneur : il est lui seul plus redoutable que tous les autres Dieux.

Les Dieux que les peuples adorent ont des noms vilains : mais notre Dieu a fait les Cieux.

Les graces et la beauté l'environnent de toutes parts : la sainteté et la magnificence sont les plus beaux ornemens de son sanctuaire

Peuples et Nations, apportez au Seigneur la gloire dont il est digne : rendez au nom du Seigneur quantité de bénédictions.

Venez lui apporter vos offrandes dans son Temple : adorez le Seigneur dans son Sanctuaire.

Que tout l'Univers tremble devant sa face : faites savoir aux peuples que le Seigneur tient les rênes de l'empire du monde.

Il a si bien assuré les fondemens de la terre, qu'ils ne seront jamais ébranlés; il gouvernera, et il jugera tous les peuples selon la justice.

Que les Cieux et la terre s'en réjouissent ; que la Mer et tout ce qu'elle enferme en sente des émotions d'alégresse ; que les champs et tout ce qu'ils contiennentsoient transportés d'une joie pareille.

Et que tous les arbres des forêts se réjouissent en la présence du Seigneur, qui est venu au monde parce qu'il est venu au monde pour le gouverner.

Il jugera tout le monde avec justice, et rendra aux peuples selon l'infaillibilité de ses promesses.

Gloire soit au Pere, etc.

PSEAUME 69.

LE Seigneur gouverne le monde que toute la terre s'en réjouisse, et que les Isles de la mer soient aussi joyeuses.

Il y a des images et des ombres épaisses qui nous le cachent : toutefois son Trône est fondé sur la justice et sur l'équité.

Il fera aller le feu devant lui, pour réduire en cendres les ennemis qui l'environnent.

Il jettera tant d'éclairs dans le monde, qu'en étant ébloui, il tremblera de frayeur.

Les montagnes fondront comme la cire devant le Seigneur, à la vue du Dóminateur de l'Univers.

Les Cieux annonceront sa justice et il n'y aura pas de peuple qui ne voie les grandeurs de sa gloire.

Que ceux-là soient donc remplis de confusion et de honte, qui mettent leur espérance en leurs faux Dieux et vaines Idoles.

Adorez ce Seigneur tout-puissant vous qui êtes ses Anges : ce que Sion ayant entendu, elle s'est réjouie.

Les filles de Juda ont témoigné leur joie, en voyant que vos jugemens , Seigneur , ont exterminé l'impiété.

Parce que vous êtes le Très-haut qui exercez un empire absolu sur toute la terre , vous êtes sans comparaison plus grand que tous les autres Dieux.

Vous donc qui aimez le Seigneur ayez le mal en horreur : il garde soigneusement les ames qui lui sont consacrées , et les délivre de la persécution des méchans.

La lumiere se répand sur les justes , et la véritable joie comblera le cœur des gens de bien.

Réjouissez-vous en Dieu , vous tous qui êtes justes , et le remerciez des bienfaits que vous avez reçus.

Gloire , etc.

PSEAUME 97.

CHantez un cantique nouveau à la louange du Seigneur , car il a fait de choses admirables.

Il a établi le salut par sa puissance par la force de son saint bras.

Le Seigneur a fait connoître l'excellence de notre rédemption : et a signalé sa justice parmi les peuples.

Il n'a point perdu la mémoire de ses miséricordes, non plus que des promesses qu'il a faites à la maison d'Israël.

Par toute la terre on ne peut douter que notre Dieu n'ait fait connoître notre salut.

Composez des Hymnes, chantez à la gloire de Dieu, vous peuples qui habitez tout l'Univers.

Faites des concerts avec les harpes et toutes sortes d'autres instrumens, joignant vos voix à leur mélodie : faites sonner les trompettes et les cornets.

Faites connoître votre joie en la présence du Seigneur, Monarque de l'Univers : que la mer et ce qu'elle enferme en sente des émotions de joie, que le rond de la terre s'en réjouisse pareillement.

Que les fleuves applaudissent en la présence de ce Seigneur par le murmure de leurs eaux : que les montagnes montrent aussi des signes de joie, puisqu'il est venu juger la terre avec justice.

Il jugera tout le monde avec justice, et les peuples selon l'équité.

Gloire soit au Pere., etc.

Abfolution.

QUE par les prieres et par les mérites de la bien heureuse Marie toujours Vierge, de tous les Saints, il plaise à Notre-Seigneur de nous conduire au Royaume des Cieux.

Leçon I.

EN tout j'ai cherché mon repos mais enfin je demeurerai dans l'héritage du Seigneur. J'achevai ce propos, quand le Créateur du monde, celui même qui est l'auteur de mon être, et qui a reposé en mon tabernacle, me fit l'honneur de me commander, en me disant : Habite en la maison de Jacob, et prends héritage en Israël, jettant des racines profondes entre mes élus. Mais vous, Seigneur, ayez pitié.

Leçon II.

Ainsi j'ai fait mon séjour en Sion, je me suis pareillement reposée en la sainte Cité, et j'ai établi ma puissance en Jérusalem, poussant par ce moyen des racines profondes entre un peuple comblé de bénédictions célestes, lequel a son hérédité en la part de Dieu, et entre la multitude des saints sera ma demeure à jamais.

Leçon III.

J'Ai été élevée comme le cedre au Liban, et le cyprès en la montagne de Sion : j'ai été élevée comme les palmes de Cadès, ou comme les rosiers qui sont plantés en Jericho, comme la belle olive dans les campagnes, et comme le peuplier qui s'éloigne de son tronc auprès des eaux le long des grands chemins.

J'ai répandu une odeur comme de la canelle et du beaume aromatique; ni plus ni moins que la myrrhe choisie, j'ai fait sentir la douceur de mes parfums. Mais vous, Seigneur, ayez pitié de nous.

HYMNE

De St. Ambroise & de St. Augustin.

NOus vous louons, Dieu tout-puissant; nous confessons que vous êtes le Seigneur de l'Univers.

Vous, Pere éternel, que toute la Terre adore.

Tous les Anges sont les fidelles exécuteurs de vos volontés; les

Cieux ses puissances vous adorent
et craignent.

Les Chérubins et les Séraphins
chantent perpétuellement cet
Hymne en votre honneur.

Saint, Saint, Saint, est le Sei-
gneur Dieu des armées.

Les Cieux et la terre sont remplis
de la grandeur de votre gloire.

Vous êtes exalté par la glorieuse
compagnie des Apôtres.

La véritable multitude des Pro-
phetes récite ces hymnes pour
vous honorer.

L'innocente et nombreuse armée
des Martyrs célèbre vos louanges.

Et la Sainte Eglise vous confesse
par tout le rond de la Terre.

Le Pere éternel, qui est d'une
grandeur incompréhensible.

Le vrai et unique Fils, engendré
de la substance du Pere.

Et le Saint-Esprit Paraclet,

qui procède du Pere et du Fils.

Vous, Christ, qui êtes le Roi de gloire.

Vous, qui êtes le Fils éternel du Pere.

Vous, qui pour délivrer l'homme de la servitude, avez voulu vous faire homme, et n'avez point dédaigné le sein d'une Vierge.

Vous qui, après avoir rompu l'aiguillon de la mort, avez ouvert aux croyans le royaume des Cieux.

Vous, qui êtes assis à la droite de Dieu en la gloire du Pere.

Et qui devez un jour venir juger le monde.

Nous vous supplions de subvenir par votre assistance à vos serviteurs que vous avez rachetés par votre précieux sang.

Faites, s'il vous plaît, qu'ils soient comptés dans la gloire au nombre de vos Saints.

Sauvez votre peuple, Seigneur, et comblez de grandes bénédictions votre héritage.

Prenez le soin de nous conduire et ne vous lassez jamais de nous favoriser.

Nous employons tous les jours à vous remercier de vos bienfaits.

Nous louons sans cesse votre nom, et nous le louons à jamais.

Préservez-nous, s'il vous plaît, Seigneur, de tomber cette journée en péché.

Ayez pitié de nous, Seigneur, ayez pitié de nous.

Et comme nous avons espéré en votre bonté, faites que nous sentions les effets de votre miséricorde.

En vous, Seigneur, j'ai mis mon espérance, ainsi je ne recevrai jamais de confusion.

Gloire soit au Père, etc.

fin.

LES MAXIMES

DE LA SAGESSE.

Rendez au Créateur tout ce qu'on doit lui rendre,
Réfléchissez avant que de rien entreprendre.
N'ayez société qu'avec d'honnêtes gens :
Ne vous enflez jamais de vos heureux talens.
Conformez-vous toujours aux sentimens des autres,
Cédez modestement si l'on combat les vôtres.
Donnez attention à tout ce qu'on vous dit,
Et n'affectez jamais d'avoir beaucoup d'esprit.
N'entretenez personne au-delà de sa sphère,
Et dans tous vos discours soyez toujours sincère.
Tenez votre parole inviolablement ;
Mais ne promettez pas inconsidérement.
Soyez officieux, complaisant, doux, affable,
Et vous montrez toujours d'un abord favorable.
Sans être familier, ayez un air aisé ;
Ne décidez de rien qu'après l'avoir pesé.
Aimez sans intérêt, pardonnez sans foiblesse ;
Soyez soumis aux Grands sans aucune bassesse.
Captivez avec soin l'amitié d'un chacun :
A l'égard des Procès n'en intentez aucun.
Ne vous informez point des affaires des autres ;
Avec attention attachez-vous aux vôtres.
Prêtez sans intérêt, mais toujours prudemment :
S'il faut récompenser faites-le noblement.
Et de quelque façon que vous vouliez paroître,
Que ce soit sans excès & sans vous méconnoître.
Compatissez par-tout aux disgraces d'autrui ;
Supportez ses défauts : soyez fidelle ami.

Surmontez les chagrins où l'esprit s'abandonne,
Sans les faire jamais rejaillir sur personne.
Où la discorde règne, établissez la paix,
Et ne vous vengez point qu'à force de bienfaits.
Reprenez sans aigreur ; louez sans flatterie.
Riez honnêtement, entendez raillerie.
Estimez un chacun dans sa profession,
Et ne critiquez rien par ostentation.
Ne soyez pas ingrat, payez toutes vos dettes,
Sans jamais reprocher les plaisirs que vous faites.
Prévenez les besoins d'un ami malheureux :
Sans prodigalité montrez-vous généreux.
Modérez les transports d'une bile naissante,
Jamais ne parlez mal de la personne absente.
Ménagez votre bien & vivez sobrement :
Ne vous fatiguez point sur le Gouvernement.
Dans la perte ou le gain suivez la loi Divine.
Au jeu que l'intérêt jamais ne vous domine.
Toujours dans vos discours modeste, retenu,
Que rien sur vos devoirs ne vous soit inconnu.
Parlez peu, pensez bien & ne trompez personne ;
Et faites toujours cas de tout ce qu'on vous donne.
Loin de tiranniser le pauvre débiteur,
De sa tranquillité soyez plutôt l'auteur.
Au bonheur du prochain ne portez point envie :
Ne divulguez jamais ce que l'on vous confie.
Gardez votre secret, ne vous vantez de rien,
Vous serez le portrait du Sage & du Chrétien.

En quatre mots THEMIS a dit & vous l'ordonne :
Vivez honnêtement & n'offensez personne.